AF313288

A Messieurs

Les Membres de la Chambre des Députés.

RÉSUMÉ

DE LA DERNIÈRE ÉPOQUE

DE LA

QUESTION FRANÇAISE

DANS LA PLATA,

Par Alfred-Gustave Bellemare,

DÉLÉGUÉ DE LA POPULATION FRANÇAISE DE LA RIVE GAUCHE
DE LA PLATA.

PARIS,

IMPRIMERIE DE E. BRIÈRE, RUE SAINTE-ANNE, 55.

1841.

QUESTION FRANÇAISE

DANS LA PLATA.

PARIS, IMPRIMERIE DE ÉMILE BRIÈRE, 55, RUE SAINTE-ANNE.

Le retard que la prolongation extraordinaire de notre traversée de Montevideo en France nous a causé, ne nous permet pas de publier avant le jour fixé pour la discussion de l'affaire de la Plata à la Chambre des députés tous les documens qui sont en notre possession, et le travail complet que nous avions préparé. Dans le choix des pièces que le temps nous permet à peine de faire connaître, nous avons donné la préférence à un éloquent exposé de la question fait par Don Florencio Varela, docteur en droit, et l'un des Argentins les plus éclairés qui se trouvent à Montevideo. Nous nous sommes bornés en ce qui concerne notre travail, à en reproduire la partie qui nous semble être la plus à propos dans les circonstances actuelles. L'authenticité, la notoriété de tous les faits qui s'y trouvent rapportés sont clairement prouvés par des documens officiels, et publics que nous possédons; ils seront produits et soumis à l'examen de la Chambre des députés.

Il nous reste maintenant à exprimer combien nous regrettons les nombreuses imperfections qu'on trouvera dans la rédaction de ce résumé. Nous n'avons pas l'habitude d'écrire, et le temps nous manque pour rendre cette publication digne sous ce rapport, de ses lecteurs et de son but. Il n'a fallu rien moins que le sentiment impérieux des devoirs de notre mission pour nous faire entreprendre une tâche que nous n'avons pu, faute de temps, rendre aussi complète que nous l'aurions désiré.

QUESTION FRANÇAISE

DANS LA PLATA.

L'époque que nous nous proposons de résumer ici, est celle de la conclusion du traité. C'est aujourd'hui la plus importante à faire connaître. Elle commence à l'arrivée de M. l'amiral de Mackau dans la Plata; mais avant d'entrer dans le détail des faits, nous jetterons un coup-d'œil sur quelques-uns des principaux événemens qui l'ont immédiatement précédée.

Monsieur l'amiral de Mackau arriva dans La Plata au moment où la conduite de son prédécesseur M. l'amiral Dupotet envers nos alliés, produisait ses plus funestes effets. Il n'est pas superflu de rappeler ici que la base principale des négociations que cet officier général avait entamées le 1er mars 1839 avec le Dictateur était le désarmement et l'abandon de nos alliés, qu'il laissait traiter de rebelles et de révoltés.

Il faut noter surtout que ces conditions de paix

étaient stipuléées et publiées au moment même où
le général Lavalle entrait en campagne et pénétrait
dans la province de l'Entre-Rios ; toutes les sym-
pathies de sa population étaient pour l'armée de
nos alliés ; elle aspirait à en faire une manifestation générale et efficace ; mais elle fut arrêtée dans
son élan par l'abandon dont l'Amiral menaçait nos
alliés dans ses négociations avec Rosas. Le mouvement réactionnaire qui devait s'y faire en faveur
de Lavalle y fut donc comprimé. Cependant ce
général y fut partout victorieux ; et il est inexact
de dire qu'il reçut un échec le 15 juillet, au Sauce
Grande ; il y dispersa les 3,000 hommes de cavalerie du lieutenant de Rosas. Ce succès resta
incomplet ; car il ne put atteindre l'infanterie et
l'artillerie ennemies qui n'osèrent pas sortir des po-
sitions formidables qu'elles occupaient. Il n'y a nul
doute que si l'amiral Dupotet eût autorisé comme
on le pressait de le faire, le commandant des forces
françaises dans le Parana d'opérer un débarque-
ment pour seconder Lavalle, le succès de la campagne n'eût pas été douteux, et à preuve, nous rap-
pelons l'effet que produisit à Montevideo le débar-
quement des marins de l'amiral Leblanc.

Lavalle entra le 5 août dans la province de Buenos-Ayres. La population lui fournit de suite tous les
chevaux dont il avait besoin, élément essentiel du

succès de toute entreprise militaire dans ces pays.
Le 12 il battit un corps de 2000 hommes commandé
par Pacheco, l'un des meilleurs généraux de Rosas.
Il faillit le faire prisonnier. Le 2 septembre il rem-
porta à huit lieues de Buenos-Ayres un autre succès important, et le 4 il offrit la bataille à Rosas à la
tête de 5,000 hommes.

La levée de boucliers promise au général Lavalle,
dès qu'il mettrait le pied sur le territoire de la province de Buenos-Ayres, ne fut pas aussi générale
qu'elle l'aurait été si sa population eût pu compter
sur la coopération de l'amiral. Cependant les rangs
de l'armée alliée se grossirent tellement que le général n'avait plus assez d'armes pour en donner à
tous ceux qui venaient se joindre à lui. L'amiral
devait lui en envoyer de Montevideo ; mais par des
retards que nous ne voulons point qualifier, elles
n'arrivèrent pas à temps.

Enfin, Lavalle comptant sur la coopération de
l'amiral était venu se mettre dans une position
menaçante pour Rosas, mais très-dangereuse pour
lui s'il n'était pas soutenu. On sait que malgré
toutes ses instances il ne le fut pas, et que le 5
septembre au soir, il reçut avis que Lopez, gouverneur de Santa-Fé, se préparait à marcher sur
lui. Voyant qu'il allait se trouver pris entre deux
feux, et que l'amiral lui refusait toute coopération,

il se décida à se porter rapidement sur Santa-Fé.

L'effet de la conduite de l'amiral sur les affaires de Rosas n'était pas moins préjudiciable à la cause commune. D'abord, elle lui avait donné les moyens de réparer le mal que la destruction de son armée dans la république de l'Uruguay, lui avait fait. Cette victoire de Rivera qui a coûté à notre alliée de la rive gauche du fleuve, des sacrifices dont elle se ressentira long-temps, avait ébranlé la puissance de Rosas et démoralisé ses séides. Les succès de Lavalle et sa position dans la province de Corrientes, avaient ranimé l'esprit de révolution qui régnait dans celle de Buenos-Ayres. Un grand mouvement s'y préparait sous cette influence, et devait n'éclater qu'à l'entrée de Lavalle sur le territoire argentin ; mais il fut hâté par les nouvelles atrocités de Rosas. Voici ce qui arriva : Lorsqu'on sut la position favorable où se trouvait Lavalle, des placards furent affichés dans tous les villages ; on y excitait les gauchos (ou paysans) à secouer le joug qui les opprimait. Quatre de ces placards parurent à Dolores, petite ville située à 50 lieues au Sud de Buenos-Ayres. Aussitôt que Rosas le sut, il écrivit ainsi au colonel Rico commandant du district.

« Pour chaque placard qui, dorénavant, sera trouvé

affiché dans votre département, vous ferez arrêter quatre de ses habitans; vous les prendrez indistinctement parmi ceux dont vous supposerez que l'opinion est contraire au gouvernement ; vous leur ferez mettre les fers aux pieds, et vous les enverrez à la prison de Buenos-Ayres. *S'ils étaient malades lors de leur arrestation*, ou si vous trouviez quelque difficulté à leur voyage, *vous les ferez fusiller.* En attendant, vous m'en enverrez immédiatement *seize*, nombre qui répond à celui des placards qui ont été déjà affichés à Dolores. »

C'étaient donc seize personnes qu'il fallait envoyer à une mort certaine !... Le commandant n'était pas homme à le faire, son indignation fut au comble. Il se rendit sur la place publique, où il assembla toute la population ; il lui lut l'ordre qu'il venait de recevoir (c'était le 3 nov. 1839). Un cri d'horreur et de vengeance s'éleva; il eut du retentissement dans toute la province, et partout où il pénétra, le portrait de Rosas fut brisé et foulé aux pieds. Les travaux cessèrent, chacun s'arma comme il put : les uns avec des lances, d'autres avec des couteaux, des boules de fer, etc. Le point de réunion était Dolores. En peu de jours, plus de 1,500 hommes y étaient déjà réunis. Don Pedro Casteli se mit à leur tête ; aidé de Rico et du colonel Cramer, il s'efforça d'organiser militairement cette réunion. Mais il était impossible de le faire avec la promptitude que demandaient les circonstances ; car Rosas, à la première nouvelle du mouvement, avait envoyé son frère don Prudencio et le colonel Granada, avec toutes les forces d'observation qu'il entretenait dans ces campagnes. Les conjurés qui, déjà long-temps avant l'affaire de Dolores, avaient travaillé à préparer la révolution dont elle hâta l'explosion, s'étaient ménagé des intelligences parmi les troupes et les principaux chefs de Rosas. Granada, ami intime du colonel Rico, était un de ceux qui avaient juré de s'unir à eux avec son régiment au premier signal. Aussitôt qu'ils surent que ce chef était envoyé contre eux, ils n'hésitèrent pas à se porter à sa rencontre, quoique leur organisation encore si incomplète ne leur permît pas de s'exposer au moindre choc; ils comptaient sur Granada.

Ils se rencontrèrent le 8 novembre à Chascomus. Granada, loin de passer de leur côté, les attaqua avec acharnement. Surpris et trompés dans leurs espérances, les patriotes furent dispersés et poursuivis, le général Castelli et le colonel Cramer furent tués, leurs têtes furent coupées et exposées sur la place publique de Dolores. Leurs compagnons se retirèrent sur les bords de la rivière du Tuy, à l'embouchure de laquelle il y avait des croiseurs français. Onze cents des dispersés s'y rallièrent. Manquant de tout, sans armes, harcelés et voués à mort, ils s'embarquèrent sur les navires français et sur d'autres bâtimens qui s'y trouvaient aussi. Ils arrivèrent à Montevideo le 23 novembre. La commission argentine affréta des caboteurs afin d'y embarquer cette division et de l'envoyer rejoindre à Corrientes le corps d'armée de Lavalle, qui reçut par ce moyen un renfort important sous tous les rapports.

Ainsi donc ces gauchos qu'on veut représenter comme inséparables du parti de Rosas, se sont déjà levés en masse contre lui. La trahison seule a pu les arrêter.

Dès ce moment Rosas reconquit une partie de

l'influence qu'il avait déjà perdue et retrouva quelques ressources. — Il y aurait lieu de croire de la part de tout autre, qu'au moins par politique, il eût cessé d'insulter la France et les Français, en retour des bonnes dispositions que lui avait montrées M. Dupotet. Il n'est cependant que trop certain qu'ils furent plus persécutés que jamais.

Voici à cet égard quelques faits qui répondront à l'assertion contraire, contenue dans une publication récente, qui semble n'avoir été rédigée que pour présenter sous un jour, évidemment faux tous les événemens qui s'y trouvent rapportés.

1°. La persécution de M. Pierre Gascoigne, emprisonné au mois de septembre 1838 jusqu'en février 1839, puis officiellement forcé de vendre au comptant, à quelque prix que ce fût, les établissemens et les propriétés considérables qu'il avait, pour sortir du pays d'où l'exilait le dictateur par un brutal décret. Cette violence avait été motivée par sa répugnance à prendre part à une cérémonie dite *Fête fédérale*, alors journellement répétée dans toute la province, et dont le but était d'introniser le portrait du dictateur sur le maître-autel des églises, et de lui faire partager les honneurs rendus à la Divinité. C'est à l'occasion de ces orgies, de ces sacriléges, que les injures les plus grossières ont été prodiguées à la France, *et qu'un toast a été porté la mort du Roi des Français*; toast accueilli avec de vives acclamations par les hauts fonctionnaires qui étaient présens.

M. Gascoigne, chassé du pays, parce qu'il a montré de

la pudeur patriotique, est maintenant à Montevideo, sans moyens d'existence. Il a fait ses réclamations auprès de M. Buchet-Martigny, qui est maintenant en France et pourra sans doute donner de plus amples informations, s'il en est besoin.

Nous devons faire connaître ici ce que sont ces actes appelés Fêtes fédérales, suivant le vocabulaire de la Mashorca. Quant à nous, nous ne trouvons pas de mot dans le nôtre pour bien les qualifier. Nous extrayons ce qui suit de la *Gazette Officielle* de Buenos-Ayres, du 10 août.

Nous traduisons *littéralement.*

Gazette Mercantile de Buenos-Ayres, 10 août 1839.

« Nous recevons la pièce suivante pour la reproduire :

« MORT AUX UNITAIRES ! MORT AUX IMMONDES FRANÇAIS !

» Monsieur le Rédacteur voudra bien reproduire dans ses colonnes la description suivante de la *Fête fédérale* qui a eu lieu dimanche, 4 courant, dans l'église de la paroisse du Monserrat, pour célébrer la conservation de notre Illustre Restaurateur des Lois (qu'on note bien que ce titre est toujours écrit en majuscules), providentiellement soustrait aux atroces attentats des sauvages Unitaires, et à ceux des Français, ces ennemis de la liberté américaine.

» Les invités s'étant réunis dans le local destiné à les recevoir, le juge de paix de la paroisse, accompagné d'un nombreux et brillant cortége, s'est dirigé vers la demeure de Son Excellence, pour y prendre son portrait.

» Après l'avoir reçu, le juge de paix a adressé ces mots à l'assemblée :

» Compatriotes fédéraux, nous allons donner aujourd'hui une preuve classique de notre amour, de notre reconnaissance et de notre loyauté pour la personne de N. I. Restaurateur des Lois, en faisant de nos bras le pavois sur lequel nous allons porter en triomphe son respectable portrait. Nous déploierons aussi avec enthousiasme l'étendard du vainqueur des Indiens du désert : nous le montrerons aux sauvages Unitaires, afin qu'ils y voient le signe de leur extermination proche et certaine, dont les esclaves immondes et exécrables de Louis-Philippe ne les préserveront pas ! Marchons !

» La procession se mit alors en mouvement au [milieu des acclamations de la multitude et au bruit de l'explosion de pièces d'artifices. Elle arriva bientôt sur la place de Monserrat. Cette place était ornée de drapaux fédéraux que portaient les habitans du quartier. Aussitôt que le portrait passa, ils mirent genou en terre et inclinèrent leurs drapeaux. C'était vraiment un imposant spectacle ! En arrivant sur le parvis de l'église le curé et six prêtres revêtus de leurs habits sacerdotaux vinrent recevoir le portrait et l'accompagnèrent jusqu'au lieu qui lui était destiné.

» Le service commença. On remarquait parmi les personnes qui y assistaient et qui composaient la garde d'honneur donnée au portrait, le sous-secrétaire d'état M. Garrigos, les généraux Soler, Rolon et Mançilla, et plusieurs employés supérieurs de l'administration.

» Le service étant fini le curé et les six prêtres accompagnèrent de nouveau le portrait jusqu'à la porte de l'église avec les mêmes cérémonies que lorsqu'ils étaient venus l'y chercher ; là ils furent reçus par une députation composée de l'inspecteur-général militaire de la province et d'un des juges de première instance, le docteur Pena. La procession se rendit ensuite au banquet qui l'attendait ; on y plaça le portrait de S. Exc. dans un lieu consacré à cet effet, les coupes circulèrent et divers toasts fédéraux furent portés.

» Le premier fut donné par M. Garrigos, sous-secrétaire d'état au ministère de l'intérieur et des affaires étrangères.

» Le voici :

» Le terme de la carrière de Rivéra l'incendiaire s'approche, disait-il.

» Les légions du brave restaurateur de la tranquillité publique, du *héros du pago Largo*, le *grand Echague*, foulent victorieusement le territoire Oriental.

» Où le traître allié des pirates Français ira-t-il cacher son ignominie ? Il peut bien s'ensevelir sous cette terre qu'il a souillée de ses crimes inouïs. Les défenseurs de l'ordre légal iront l'y chercher et lui feront expier ses atroces délits.

» Mes amis, vive le général Echague et son armée ! mort au sauvage Rivera ! Mort aux sauvages Unitaires ! Mort aux pirates et immondes Français.

» Ensuite le colonel Maestre, l'un des principaux personnages du jour, portait le second toast.

» Messieurs, dit-il, faisons des vœux pour que les vrais fédéraux forment une seule masse compacte et unie ; qu'ils s'arment de couteaux, de poignards et de lances pour les plonger dans le cœur de ces sauvages chiens d'Unitaires, et dans celui de ces Français tout dégoûtans de fausseté et de perfidie ; tels sont, messieurs, mes sentimens, je cherche sans cesse à les inculquer à mes enfans,

et à mes amis. Plutôt mourir que d'en changer, et de
dégrader ainsi ma foi politique, ma famille et mes amis. »

On ne peut pas dire que ces toasts n'étaient que de
vaines déclamations; car on les répétait chaque jour dans
la ville et surtout dans les campagnes, afin de tenir les
Gauchos et la populace constamment en haine contre la
France, et de ne les faire penser et agir que dans le sens
de ces paroles incendiaires.

Chacune des églises de la capitale devait à son tour
célébrer la fête du portrait. Lorsque celui de la cathédrale
arriva, les officiers-généraux voulurent porter eux-
mêmes le portrait et lui monter la garde d'honneur; il se
passa là un fait que nous ne pouvons laisser ignorer.

Nous l'extrayons encore de la *Gazette officielle*.

Extrait de la *Gazette officielle*, du 19 septembre.

VIVE LA FÉDÉRATION !

AVIS OFFICIEL.

« Le char de triomphe suivra la marche qui va être indiquée ici.

» D'abord il ira à la demeure du gouverneur, chercher le
portrait de S. Exc. pour la fête; arrivé à l'église de la
Merced, il attendra la garde d'honneur, puis il suivra sa
marche par les rues de la Cathédrale, de la Fédération,
des Représentans, du Pérou et du *Restaurateur-Rosas*,
jusqu'à ce qu'il soit de retour à la demeure de S. Exc.

» Aussitôt que M. l'inspecteur général militaire eût donné le signal, le cortége se mit en marche et entra par la rue de la Reconquista dans celle qui conduit à la maison de S. Exc. En sortant du fort où il s'était réuni, les dames qui en faisaient partie furent attelées au char sur lequel était le portrait ; elles le tirèrent alternativement avec les officiers-généraux jusqu'à son arrivée à l'église. Nous avons été édifiés de l'enthousiasme qu'ont montré mesdames dona Pascuala, Arana, dona Guillerma Irigoyen de Pinedo, dona Juana Manuela Maciel de Rolon et autres dames qui assistaient à cette fête vraiment patriotique et fédérale. »

En arrivant à la demeure de S. Exc., elles déposèrent elles-mêmes le portrait dans le salon où le cortége fut reçu comme il le méritait. — On sait à Buénos-Ayres qu'elles furent forcées de subir l'humiliation que nous venons de lire.

2° L'affaire de MM. Richaud et Dimet, dont les ateliers et les riches magasins d'armurerie ont été envahis, pillés et détruits, le jour de la Saint-Michel 1839, par la Mashorca et la populace, au moment même où le cortége, dont elles faisaient partie, revenait de l'église de San-Miguel avec le *portrait du Dictateur*, après lui avoir rendu les honneurs que nous savons, et passait devant la porte de ces établissemens. C'était le général Mancilla, le beau-frère de Rosas, qui présidait à cette scène de destruction, et qui en excitait hautement les auteurs, du geste et de la voix. MM. Richaud et Dimet sont maintenant à Monte-vidéo ; ils estiment leurs pertes à plus de 100,000 piastres courantes de Buenos-Ayres.

3° Le cruel traitement qu'on a fait subir à MM. Grimaut et Delmas, charrons-serruriers. Leur maison a été envahie, le 20 août 1840, à minuit, par un détachement de soldats du régiment du général Rolon. Ils étaient conduits par un officier qui proférait des menaces et des cris de mort contre ces infortunés. Leurs femmes, leurs sœurs, furent violemment arrachées de leurs lits et poussées hors de la maison. Elles restèrent exposées dans la rue, à l'insulte et au froid, pendant que les sicaires du Dictateur pillaient la maison et brisaient tout ce qu'ils ne pouvaient en emporter. La cause ostensible de ce forfait est que M. Grimaud avait montré de la répugnance à continuer, ainsi qu'il l'avait fait jusqu'alors sans se plaindre, intimidé qu'il était, à enlever aux cadavres des victimes qu'on fusillait journellement dans les casernes des environs, les fers qu'on leur avait rivés.

L'affaire de Julien Chabert, qui, le 5 octobre 1840, fut outragé de la manière la plus avilissante, et menacé d'être égorgé, parce qu'il ne portait pas le signe officiellement adopté de la guerre à mort déclarée par les fédéraux aux Unitaires et à leurs complices, *les immondes et exécrables Français.* Telles sont les expressions qui étaient officiellement employées à notre égard, même dans les pièces adressés au gouvernement. J'en possède plusieurs.

Nous ne parlerons pas de l'assassinat de l'infortuné Bouchic, armurier, dont les auteurs n'ont jamais été poursuivis, quoiqu'ils soient connus ; ni de l'affaire d'un de mes compatriotes, qui est venu de Montevideo avec moi, sur la *Fauvette,* et dont quelques circonstances m'obligent de taire le nom maintenant. Il y a dans cette affaire des détails de la plus haute gravité. Il a été publiquement outragé et menacé par le sous-secrétaire d'État Garrigos, au mois d'octobre dernier. Il fuit l'effet des menaces de ce grand maître de la Mashorca.

2

Reprenons maintenant la suite des événemens.

A l'approche de Lavalle, Rosas avait pris une position militaire qui n'était forte qu'en apparence. Il avait fortifié son camp en dégarnissant la ville d'artillerie ; il avait réuni à la hâte, en laissant sans défense, les points que les Français auraient pu attaquer, 5 à 6,000 hommes dont 4,000 n'étaient que de mauvaises milices. Il avait 20 pièces de canon et une infanterie passable ; malgré cela, il tremblait, et le moral de ses troupes était tellement abattu, qu'il avait beaucoup de peine à le soutenir. Voici le principal moyen dont il se servait :

Nous extrayons la lettre suivante des journaux, où elle a été publiée :

« Buénos-Ayres, le 14 août 1840.

» Le soussigné, ministre des affaires étrangères, a reçu l'ordre de S. Exc. le gouverneur et capitaine-général de la province de communiquer à V. Exc. les nouvelles favorables qu'un brick de guerre français, arrivé le 9 août à Montevideo, y a apportées.

» S. M. le roi des Français a entièrement approuvé la *digne* conduite de S. Exc. le contre-amiral Dupotet, et a accepté, bien qu'avec quelques modifications, les propositions faites par le gouvernement de la république dans la conférence du 1ᵉʳ mars, à bord de l'*Actéon*. »

» La coopération de la France avec l'infâme assassin

Lavalle, ce déserteur de la cause américaine, va donc cesser immédiatement.

» Le vice-amiral Baudin devait partir à la fin de juin revêtu d'amples pouvoirs, pour conclure avec nous un traité honorable. A son arrivée M. de Martigny doit cesser d'être en fonctions et M. Baradère, consul-général de France à Montevideo, sera remplacé.

» Le soussigné félicite V. Exc. à l'occasion de ces bonnes nouvelles et le salue, etc., etc.

Signé, Felipe ARANA.

Nous livrons cette lettre à la publicité sans aucun commentaire. — Elle parle assez haut d'elle-même.

Les fréquentes visites du ministre de sa Majesté Britannique au camp de Rosas, contribuaient aussi à soutenir un peu le moral des troupes, elles prouvaient les bonnes dispositions de l'Angleterre à l'égard du dictateur ; et cependant en agissant ainsi, l'Angleterre combattait en 1840 le principe que M. Canning avait défendu en 1825. Il est vrai qu'il s'agissait en 1840 de détruire l'influence toujours croissante de la France dans l'Amérique du Sud.

Le mouvement de Lavalle sur Santa-Fé était loin d'être une victoire pour Rosas, car il en prévoyait bien les conséquences. Ainsi, sous le point de vue militaire, sa position était certainement pire que jamais. C'est ce que nous allons bientôt démontrer, d'autant plus que la nouvelle de l'arrivée dans la Plata d'une expédition considérable de France, avait ranimé l'esprit de révolution qui n'avait été que comprimé dans la province de Buenos-Ayres. La population de la ville, les Gauchos, dans les campagnes, étaient pleins de confiance en nous, et n'attendaient qu'un mot de l'amiral pour tourner leurs armes contre l'ennemi commun.

Sous le rapport légal, le position de Rosas n'était pas meilleure. Les provinces de l'intérieur avaient protesté contre l'usage qu'il avait fait de leur délégation pour l'entretien des Affaires étrangères de la confédération, et la lui avaient retirée. Nous possédons des copies officielles de ces protestations. Nous verrons bientôt que quelques jours après l'arrivée de M. de Mackau, deux autres de ces provinces, *Cordova* et *Santa-Fé*, se déclarèrent aussi contre lui, et que celles de *San-Luis* et de *San-Juan* refusèrent de fournir leur contingent au lieutenant de Rosas, le général Aldao, qui venait d'être battu par le général Brizuela, gouverneur de la Rioja. Après ce succès, ce dernier marchait sur Mendoza et on présumait que cette importante province devait aussi s'être déclarée contre Rosas, à la date du traité. Mais, située à 400 lieues dans l'intérieur, on n'avait pas encore eu le temps d'en recevoir les nouvelles. Ainsi, la Confédération argentine que Rosas représentait se trouvait donc réduite d'abord à sept, puis à deux provinces, la sienne comprise. Celle d'Entre-Rios se trouvait serrée de trop près par les troupes du général Paz, pour qu'il espérât en retirer aucun service.

Voilà quelle était à peu près la situation des choses lorsque M. de Mackau arriva dans la Plata. On ne négligea rien pour la lui faire connaître, et surtout pour empêcher qu'il ne fût trompé. Les journaux de Montevideo publièrent diverses analyses de la question. Les agens français, dont la conduite a été si belle, si ferme, et en tout digne de leur pays, durent aussi lui fournir de précieux renseignemens. La population française lui présenta une adresse où elle lui exposa ses opinions et ses vœux.

Mais d'abord nous devons dire que cette adresse a été rédigée par une commission de sept membres nommés à cet effet. Quatre de ces membres étaient des Français établis à Buenos-Ayres, et qui se trouvaient alors à Montevideo, avec la majeure partie de la population française émigrée de la capitale Argentine. Deux représentaient le haut commerce français à Buenos-Ayres, le troisième gérait à Montevideo, la succursale d'une maison française de la même ville. Le quatrième aussi établi à Buenos-Ayres représentait l'industrie et le commerce de détail français sur la rive droite de la Plata.—Les trois autres membres, dont je faisais partie, représentaient la population française de la rive gauche du fleuve. Il est donc évident que la voix des

Français de la rive argentine prédominait dans cette adresse. — Au reste, il y a unité d'intérêt entre ces deux populations.

On concevra facilement les raisons qui nous engagent à taire les noms des membres de la commission de rédaction. — Mais l'adresse doit être entre les mains de M. de Mackau, et nous ne craindrons pas de livrer ces noms à la discrétion des honorables députés qui doivent éclairer la chambre. — Nous ferons devant eux la statistique de toutes les signatures dont elle est revêtue.

Quant à la lettre qu'ont adressée à M. de Mackau les Français qui n'avaient pu émigrer de Buenos-Ayres, on conçoit aussi les raisons qui leur ont imposé cette mesure. Elle était indispensable à la conservation de leur existence et de leurs intérêts ; et cependant, c'est là le document qu'on prétend opposer à un acte solennel, authentique, et dont la spontanéité et la modération ont excité l'approbation générale. C'est une prétention qu'on ne pourrait soutenir en droit ni en équité. D'ailleurs, sur 1,200 ou 1,500 personnes seulement (le local n'en pouvait contenir davantage), il y avait au moins 3 ou 400 des Français de la rive droite de la Plata ; ils ont pris part à cet acte, quoique tacitement, pour les motifs déjà connus.

Voici l'adresse :

Amiral,

Les Français établis sur les rives de la Plata attendaient votre arrivée avec trop d'impatience pour ne pas vous témoigner avec empressement la joie que leur cause votre présence au milieu d'eux.

Veuillez, Amiral, en accepter la manifestation.

Les motifs qui ont fait tomber sur vous, Amiral, le choix judicieux du roi, sont pour nous la plus précieuse garantie d'un meilleur avenir.

Beaucoup d'entre nous souffrent depuis long-temps les conséquences du blocus de Buenos-Ayres ; ils souffrent dans leurs garanties morales et dans leurs intérêts matériels. *Mais quelque éloigné que soit le terme de si fatales circonstances, nous serions tous disposés à les voir se prolonger encore, si la dignité nationale ne devait pas sortir avec honneur de la lutte où elle se trouve si justement engagée.*

Nous nous reposons sur vous, Amiral, du soin d'obtenir les réparations qui nous sont dues ; du soin d'obtenir surtout des garanties pour l'avenir sous une administration locale qui, par le caractère et les antécédens de ses membres, offre l'assurance qu'elle saura respecter ses engagemens et les principes de la justice. La dignité de la France et les intérêts de ses enfans sont gravement compromis dans la question qui s'agite, et de sa solution dépend non seulement notre position présente, mais encore notre belle position d'avenir sur tout le continent de l'Amérique méridionale. Notre cause est aussi celle de la civilisation contre la barbarie ; nous trahirions notre conscience si nous n'appellions toute votre sollicitude sur de si importantes considérations.

Peut-être aurions-nous déjà vu se terminer la question qui nous occupe, si des dissidences que nous ne devons pas qualifier, mais qui pourtant existent entre les dépositaires de nos intérêts, n'avaient ajouté de nouveaux obstacles à ceux déjà trop nombreux qui s'opposent à la levée du blocus.

Amiral, vous comprendrez les souffrances de beaucoup d'entre nous, et vous apprécierez leur résignation lorsque vous saurez que l'armée des alliés reconnus de la France occupe depuis un mois la campagne devant Buenos-Ayres, que la ville reste sans défense, et que pourtant ses portes nous sont encore fermées.

Ici comme partout, comme toujours, vous rencontrerez encore l'Angleterre sur notre route..... Mais, nous en avons la conviction, l'Angleterre trouvera l'amiral Mackau dans le conseil ce qu'elle trouva dans le combat le jeune commandant de l'*Abeille.*

Amiral, vous avez déjà obtenu en France de nombreux renseignemens sur cette déplorable affaire du blocus; mais, et nous le disons avec douleur, il vous reste beaucoup à apprendre.

Vous aurez besoin de toute votre sagesse, non pour apprécier les choses, mais pour vous mettre en garde contre les mauvais conseillers. Nous vous le disons, amiral, parce que nous avons été témoins des regrets d'un de vos prédécesseurs, qui a laissé parmi nous d'honorables souvenirs (1).

Amiral, la confiance que nous avons dans vos lumières, dans votre patriotisme, apporte déjà un grand adoucissement à nos maux. Nous serons heureux de revenir bientôt vous louer d'y avoir mis un terme en conservant intacts l'honneur et la dignité de la France. »

L'Amiral se montra pénétré du sens de cette adresse; et, le soir même du jour où elle lui fut présentée, il envoya son aide-de-camp, M. Page, porter à la com-

---

(1) L'amiral Le Blanc.

mission les paroles les plus rassurantes pour l'avenir de la population française sur les rives de la Plata, et l'assurer qu'il saurait profiter des renseignemens qu'elle lui donnait.

On fit aussi savoir à M. de Mackau que depuis le 13 octobre, Rosas avait, de droit, cessé d'être gouverneur de Buenos-Ayres, puisque le 13 avril 1840, ayant été réélu dictateur pour cinq ans, il n'avait accepté le pouvoir que pour six mois. Cette élection, du reste, avait été faite sous l'impression de la terreur par une législature devenue servile. Cette nomination n'avait pas été faite par le peuple, ainsi que le veut la loi. On se rappelle d'ailleurs l'assassinat du président de la chambre, commis dans l'enceinte même du palais. Ce terme venait d'expirer sans que Rosas eût jamais manifesté par aucun acte public ni authentique son intention de continuer à exercer le pouvoir, et dans aucun cas il ne pouvait se présenter comme chargé de l'administration des Affaires étrangères du pays.

Enfin nous avons de justes motifs de croire que lorsque l'amiral se rendit devant Buenos-Ayres sur l'invitation du ministre de S. M. Britannique, il était suffisamment instruit. Aussitôt que le gouvernement de l'Uruguay fut officiellement averti qu'il se rendait à Buenos-Ayres pour y entamer des négociations, il lui demanda quelle part serait faite aux alliés de la France dans le traité, si on en concluait un. M. de Mackau ne voulut répondre que verbalement. Il demanda une conférence à cet effet. Il dit que ses instructions ne faisaient aucune mention des alliés, mais que ses pouvoirs étaient larges et qu'il saurait en user en leur faveur.

Ce fait ne saurait être révoqué en doute, et on sait cependant comment on a agi dans le traité, on se rappelle combien sont grands les services que l'état de l'Uruguay a rendus à la France; il est évident qu'elle n'aurait pas pu, sans l'appui qu'elle a trouvé sur la rive gauche de la Plata, continuer le blocus. Cette vérité a été reconnue hautement à la tribune.

M. de Mackau a commencé les négociations en demandant qu'on permît aux Français qui se trouvaient encore à Buenos-Ayres d'en sortir librement. Cela fut accordé, mais Rosas sut y faire mettre de telles entraves que beaucoup ne purent en profiter, parce que ses agens, abusant de leur situation, exigeaient d'eux des sacrifices pécuniaires que beaucoup ne pouvaient faire. Un grand nombre de nos compatriotes ont été forcés de payer jusqu'à *cinq onces d'or* le bulletin ou billet d'embarquement sur le packet anglais le *Spider*. Ce bâtiment était le seul sur lequel il leur fut *d'abord* permis de prendre passage; on ne leur donnait pas de passeport sans ce document.

Ce fait est de toute notoriété, et les journaux du pays l'ont reproduit.

Cette démarche de l'amiral aurait sans doute été sage s'il eût songé sérieusement à la guerre. Mais la mesure était ruineuse pour ceux qui en profitaient, afin de se soustraire aux nouveaux dangers que la rupture qu'elle faisait prévoir ne manquerait pas de rendre plus imminens. On croyait donc à la guerre avec raison. Cette croyance s'affermit quand on apprit l'assassinat de M. Varangot, dont la nationalité française n'était douteuse pour personne ; on en donna des preuves à M. de Mackau. Elles consistent :

1° En son extrait de baptême ;

2° En une pétition que M. Varangot avait adressée au gouvernement argentin, dans les premières années de sa résidence à Buenos-Ayres, à l'effet de réclamer, comme Français, l'exemption de charges auxquelles on assujétissait les Espagnols. On avait fait droit à cette demande, et le décret du gouvernement qui s'y trouve apposé est signé par M. Larrea, dont le nom est bien connu en France, était alors un des ministres du gouvernement de Buenos-Ayres ;

3° En une pétition semblable à la précédente, mais qui avait été faite plus récemment, et avait obtenu de même résultat ;

4° Le certificat de l'immatriculation de M. Varangot, faite en présence de MM. Cramer et Fabre.

Mais M. de Mackau s'en est tenu aux assertions du ministre de Rosas si intéressé à le tromper.

Voici maintenant la cause à laquelle on attribue l'assassinat de M. Varangot. Nous extrayons ce qui suit d'un document authentique que nous avons sous les yeux. C'est la copie légalisée au consulat-général de France à Montevideo, de l'*original* de la protestation qu'il fit, le 31 août dernier, contre les violences et les déprédations commises sur ses propriétés par ordre du dictateur. Ce document a aussi un caractère sacré : c'est un titre authentique légué à la France pour l'aider à demander une justice, une réparation dont chacun sentira le besoin après l'avoir lu. Son préambule peint bien l'état de nos compatriotes dans la république argentine et celui de Buenos-Ayres sous la dictature de Rosas. Il commence ainsi :

» Je soussigné, Français, résidant en cette ville, vou-
» lant assurer la défense de mes droits, et n'ayant pas
» pour le présent d'autres moyens de remédier à la vio-
» lence et au deni de justice que me fait le gouverne-
» ment actuel de cette province, que de protester ex-
» trajudiciairement, parce que je ne trouve pas de notaire
» public qui veuille me donner acte de ma protestation, et
» encore moins la légaliser de sa signature et de son
» sceau ; je proteste donc extrajudiciairement contre les
» actes susdits du gouvernement, et afin de donner à
» cette protestation toute la valeur possible, j'en fais trois
» copies, dont l'une sera déposée au consulat sarde, la
» seconde sera envoyée au chargé d'affaires de ma nation
» à Montevideo, et la troisième restera par devers moi

» Elles sont toutes littéralement conformes et signées par
» moi et par trois témoins que j'ai pris à cet effet. Le but
» de cette protestation est de constater les faits qui sui-
» vent, et que je m'engage à prouver avec des documens
» authentiques, aussitôt que j'aurai liberté de le faire. »

Suit le détail des faits dans la protestation. Ils portent
tous l'empreinte du caractère de Rosas.

Lorsque M. de Mackau obtint que les Français sortis-
sent librement de Buenos-Ayres, M. Varangot demanda
son passeport pour Montevideo..

On savait bien qu'il allait réclamer en personne auprès
de qui de droit. Mais le 22 octobre au soir, veille de son
départ, il fut assailli par quatre hommes au moment où
il rentrait chez lui. — Enlevé à sa famille, on ne sut que
le lendemain ce qu'il était devenu. Son cadavre, trouvé
sur la place de la *Concepcion*, horriblement mutilé, ré-
véla ce qui s'était passé.

Les réclamations que la famille addressa à M. de Mackau
restèrent sans effet.

Enfin on ne tint compte d'aucune des difficultés
qui s'opposaient à ce qu'on pût traiter avec Rosas
d'une manière quelconque. Le traité fut conclu. Le
sens et la portée de chacune de ses clauses sont
maintenant trop connues pour qu'il soit utile que
nous en fassions l'analyse. Nous nous bornerons
à insister sur trois points principaux : 1° son illégalité, et par conséquent sa nullité dans la république argentine ; 2° le caractère entièrement illu-
soire de la concession stipulée dans l'article 5 ; 3° et

l'abandon et la proscription des alliés de la France consacrés dans l'article 3.

Le premier point est clairement établi d'abord par tout ce que nous avons dit au sujet de la protestation des provinces de l'intérieur, et du retrait des facultés que chacune d'elle avait données à Rosas pour l'administration des affaires étrangères de la république. Cet acte est parfaitement légal, puisque ces provinces sont des états souverains et indépendans qui n'ont entre eux d'autre lien politique que celui que consacre une ancienne coutume constitutionnelle du pays conservée et sanctionnée par une loi spéciale du congrès général constituant datée du 23 janvier 1825. Elle dispose que chacune des provinces peut déléguer ses pouvoirs pour l'administration des Affaires étrangères du pays *à la personne du gouverneur de Buenos-Ayres*. Elle veut que la délégation lui soit renouvellée à chaque élection. Mais cette faculté ne fait pas partie des attributions du gouvernement de cette dernière province, elle est donnée spécialement à la personne de son chef, et devient nulle lorsqu'il cesse d'exercer légalement ses fonctions. C'est là le seul lien politique qui existe entre les provinces et qui constitue la nationalité argentine aux yeux des autres nations. Le gouvernement de Buenos-Ayres n'a pas non plus la faculté de ratifier un traité quelconque au nom de la confédération. Cet acte est spécialement réservé par la même loi à un corps national tel qu'un congrès ou une convention des députés de toutes les provinces. C'est seulement ainsi qu'ont été ratifiés jusqu'ici tous les traités conclus avec la République Argentine, nommément celui du 14 août 1828, qui consacre l'existence de la république orientale de l'Uruguay, et où l'Angleterre est intervenue comme médiatrice, et s'est portée, pour quinze ans, garant de son exécution. Ainsi, le retrait que chacune des provinces dissidentes a fait des pouvoirs qu'elle avait donnés à Rosas, est un acte parfaitement légal et qui ne peut jamais être taxé de rébellion ; car il impliquerait qu'il existe dans la confédération argentine une autorité suprême, reconnue par toutes les provinces. On sait qu'il n'en est pas ainsi, et que Rosas s'est toujours opposé à la convocation d'un corps législatif national qui pût constituer le pays. Il est même notoire et historique que tous les chefs fédéraux influens tels que Quiroga, Balcarce, López, etc. qui voulaient la constitution, ont été persécutés, proscrits ou assassinés. Le pouvoir de Rosas n'était plus à l'époque du traité qu'un pouvoir de *fait*. Il était limité à deux provinces sur *quatorze*, et on sait positivement que les populations de ces deux provinces, surtout celle de la sienne lui étaient

hostiles. Il est évident pour tous ceux qui connaissent la question, et qui ont vu les événemens de
près que si les Français eussent aidé Lavalle lorsqu'il le leur demandait, Rosas aurait été pris
entre deux feux sans pouvoir trouver un seul point
de refuge autour de lui qui ne lui fût pas hostile.
Que serait alors devenu son pouvoir? Et maintenant même, et d'après les dernières nouvelles, ne
voit-on pas qu'il ne s'appuie que sur une minorité
de population et de territoire si petite qu'elle le
rend presque nul en fait?

Le traité est illégal à tous égards. Comment
donc ratifier et par suite prêter vie à ce qui est nul
et de nul effet?

Les concessions stipulées dans l'article 5 sont
regardées par toutes les populations des deux rives
de la Plata comme étant rendues complètement
illusoires par l'article 6. Le caractère insidieux,
les tendances rétrogrades de Rosas s'y révèlent
clairement à ceux qui le connaissent. En effet, la
réserve faite dans cet article est un moyen habile-
ment calculé pour rendre nul, un jour à venir, l'a-
vantage accordé dans la clause précédente; elle
sera tout au moins une nouvelle source d'inter-
minables différends. D'ailleurs on y voit une volonté bien marquée d'inculquer aux peuples de
l'Amérique, à l'égard des nations étrangères, des

idées qui ne peuvent que nuire à leur progrès. L'esprit anti - social et l'intention qui caractérisent la rédaction de cet article ont été généralement désavoués dans la Plata. On les attribue à l'antipathie de Rosas contre l'existence, dans son pays, de tous les moyens de civilisation ; il leur a déclaré une guerre d'extermination ; ses clameurs, ses menaces contre les Unitaires, ne s'adressent plus seulement à un parti local mais bien à tous ceux qui tiennent à la civilisation par un lien quelconque. Ce nom est devenu pour lui générique dans ce sens et il en frappe, comme d'un arrêt de mort, ceux dont il veut se défaire. Cette considération suffit pour caractériser le traité en ce qui touche nos alliés. On verra dans le décret suivant le résultat que la paix doit avoir pour eux. Nous avons remarqué que la personne qui s'est chargée de réhabiliter Rosas a soigneusement évité de reproduire les considérans de cet important décret. Nous réparons ici cette omission ; en voici la traduction :

Moron, 31 octobre 1840.

« Considérant que, durant l'invasion de la province par les hordes des sauvages unitaires, qui ont profané son territoire et l'ont souillé de leurs atrocités et de leurs crimes inouis, l'irritation populaire a dû nécessairement se manifester par *des vengeances aussi terribles qu'elles*

3

étaient naturelles, et dont il eût été impossible d'arrêter le cours chez ce peuple déjà si indigné de tant de perfidie, sans mettre son héroïsme, sa loyauté et son patriotisme à une épreuve incompatible avec ce qu'exige sa propre conservation ;

» Considérant que les vrais fédéraux se sont jetés avec *une noble ardeur* sur ces ingrats et féroces unitaires indignes de porter le nom d'Argentins et d'appartenir à la patrie où ils sont nés, lorsqu'il les ont vus venir fouler aux pieds leurs droits les plus sacrés ; considérant que cette ardeur témoignera toujours hautement de l'amour excessif qu'ils portent à la cause de l'indépendance, et apprendra à ceux qui se traînent sur les traces de leurs crimes, que, dans cette terre de liberté et d'honneur, il n'y a pas pour les citoyens de garantie plus solide que le respect qu'on doit avoir pour le dogme sacré de l'opinion publique, qui a proclamé l'excellence de la fédération, et qui recommande la soumission complète et aveugle de tous aux lois et aux autorités constituées ;

» Considérant, enfin, que s'il est louable de manifester son véhément patriotisme d'une manière aussi ardente que ce peuple, toujours disposé à ce qui est grand et généreux, l'a fait, il est juste qu'il rentre dans la jouissance de la tranquillité et de la sécurité que le gouvernement a tout sacrifié pour lui conserver ; jouissance qui lui est bien due au moment où il vient de faire avec la France une paix honorable qui termine les différends *« qui ont » servi d'appui aux sauvages unitaires, et que cette tran- » quillité est indispensable au gouvernement, pour qu'il » puisse s'occuper exclusivement des moyens d'extermi- » ner à tout jamais le parti des unitaires, ces immoraux*

» *aventuriers qui infestent la république* », afin d'affermir ainsi le pouvoir et le bonheur du pays ;

» Le gouvernement décrète :

» Art. 1. Tout individu, quel qu'il soit, qui portera atteinte à la personne ou à la propriété des *Argentins ou des étrangers* résidant dans le pays, « sans un ordre écrit » expressément à cet effet et émané de l'autorité compétente », il sera considéré comme perturbateur de l'ordre public et sera puni comme tel, etc., etc. »

Après la lecture de ce décret peut-il rester aucun doute sur la violation de l'art. 3 du traité ?

Et s'il existe encore quelqu'un qui espère une modification, une amélioration quelconques chez Rosas, il y renoncera sans doute en apprenant que le surlendemain de la publication du décret qui précède, on trouva à Buenos-Ayres, dans la rue du Parc-d'Artillerie, les cadavres de deux hommes égorgés de la veille ; un écriteau était collé sur leur front, on y lisait ces mots : « Paix avec la France ! extermination aux unitaires ! » Ce fait a été publié dans les journaux et nous a été confirmé par des personnes qui étaient sur les lieux lorsqu'il est arrivé.

M. l'amiral paraît s'être appuyé principalement pour justifier la marche qu'il a cru devoir suivre à l'égard de nos alliés sur une lettre du général Lavalle dont nous avons eu nous mêmes connaissance à Montevideo. Le général qui ne se trouvait quand il l'écrivit, qu'à environ 25 ou 30 lieues de Buenos-Ayres, s'occupait dès-lors des moyens d'attaquer Rosas qui ne pouvant tenter la campagne contre lui, était allé cacher sa faiblesse ainsi que nous l'avons dans un camp retranché à trois lieues de Buenos-Ayres; pour plus de sûreté, il l'avait couvert d'artillerie et placé au milieu des nombreuses petites fermes qui environnent cette ville, à l'abri de l'attaque de la cavalerie.

Le général dans des lettres antérieures avait exposé à ses amis qu'il y avait deux moyens de réduire Rosas; l'un, dont celui-ci avait fait usage contre lui en 1839, consistait à investir son camp et à empêcher les vivres d'y parvenir; l'autre à l'attaquer directement; mais, que le premier, qui devait nécessairement être lent était impossible pour le moment; l'état des pâturages autour de la ville surtout, brûlés par les gelées et pourris par les pluies excessivement abondantes tombées pendant l'hiver, ne présentait pas les ressources nécessaires pour l'alimentation des 25,000 a 30,000 chevaux qu'il lui fallait pour le service de sa cavalerie; que tant que la saison ne serait pas plus avancée (on était au mois d'août, fin de l'hiver, dans ces parages) il ne pouvait recourir qu'au second moyen, celui d'attaquer directement. C'est alors qu'il écrivit la lettre dont il s'agit à la commission argentine et probablement aussi aux agens français, pour leur exposer les ressources indispensables dont il avait besoin pour exécuter ce plan. Il leur disait donc que Rosas avait quatre fois plus d'infanterie que lui, et aussi beaucoup plus d'artillerie ; que sa cavalerie seule, quoique tout à fait maîtresse de la campagne, ne pouvait aller attaquer un camp retranché, défendu par une nombreuse artillerie, sur un terrain où elle ne pouvait se mouvoir ; que, conséquemment, il était nécessaire que les Français l'aidassent dans l'exécution de son plan d'attaque. A cet effet il proposait deux moyens (et c'était l'objet spécial de sa dernière lettre) 1° que M. Dupotet ou M. l'amiral Baudin qu'on attendait alors, joignissent aux 300 ou 400 fantassins qu'il avait lui-même, un corps d'infanterie suffisant pour attaquer avec avantage celle de Rosas. 2° Ou si ce plan ne paraissait pas acceptable, que les Français s'emparassent seuls d'un point près de Buenos-Ayres, afin que Rosas pour repousser leur invasion, fût obligé de faire sortir de son camp, en partie ou en totalité, son infanterie et son artillerie ; qu'alors lui, Lavalle, malgré les désavantages du terrain, se chargeait d'enlever le camp, tandis que les Français attaqueraient la ville. On voit par sa lettre qu'il préférait le premier de ces moyens, et l'on comprendra que c'était chose naturelle, mais il était loin de repousser le dernier.

Quand la commission Argentine, ainsi que nous en avons été positivement instruits par plusieurs de ses membres sur les lieux, fit part de ce projet à M. Martigny, celui-ci répondit (et dut répondre nécessairement dans le même sens au général Lavalle) : Que les dispositions hostiles de M. Dupotet, à l'égard de la cause argentine, étaient assez connues pour qu'il eût besoin de s'expliquer sur ce point; que, quant à M. Baudin, il ignorait quelle serait la force de son expédition, de quels élémens elle se composerait, l'époque précise de son arrivée et même les dispositions de son chef; que conséquemment il engageait le général Lavalle à agir jusqu'à nouvel ordre comme s'il ne devait point compter sur ces secours.

Lavalle ne pouvant pour le moment exécuter son premier plan faute de l'appui qu'il demandait aux Français, ménacé d'ailleurs sur ses derrières par le corps du général Lopez, gouverneur de Santa-Fé et craignant de se trouver pris entre deux feux, changea alors complètement son plan de campagne.

M. le baron de Mackau a cru reconnaître de la faiblesse dans les demandes de Lavalle, (car nous ne révoquons nullement en doute sa bonne foi); il a pensé que Lavalle en avouant qu'il était plus faible en infanterie et en artillerie que son adversaire reconnaissait son infériorité. M. l'amiral n'a pas compris que ces armes dans les guerres de Buenos-Ayres n'étaient que secondaires ; qu'en définitif c'était la cavalerie, arme principale de ces contrées, qui décidait de tout ; que conséquiemment Lavalle, supérieur à son adversaire dans cette arme devait finir par l'anéantir, surtout s'il recevait les moindres secours de la France. L'immense étendue qu'il avait parcourue, à-peu-près sans obstacle, ne pouvait lui laisser aucun doute sur ce point.

On nous demandera peut-être comment il se faisait que Lavalle, au milieu de populations amies, n'avait pu former une infanterie aussi nombreuse que celle de son adversaire ; quiconque a quelque idée de ces pays a la réponse présente à son esprit : c'est que chez ces peuples pasteurs et nomades aller ou combattre à pied est un deshonneur, et qu'un Gaucho sans monture est un homme inutile. Rossas, au contraire, disposant de la ville et de tout ce qu'elle renferme, y avait rencontré des nègres esclaves qu'il avait enlevés à leurs maîtres, et auxquels il avait promis la liberté en récompense de leurs services.

Nous revenons maintenant au nouveau plan de campagne adopté par Lavalle, plan sans aucun doute le meilleur de tous ceux qui pourraient se présenter et qu'il a exécuté à la lettre avec autant d'habileté que de bonheur. Cinq provinces du Nord, non compris celle de Corrientes, avaient depuis long-temps déjà, retiré par leur législature au dictateur, ainsi que nous l'avons dit, les pouvoirs qu'elles lui avaient confiés de traiter en leur nom avec les nations étrangères, et avaient mis sur pied, pour aller attaquer son pouvoir, une petite armée commandée par le général Lamadrid, ancien compagnon d'armes du général Lavalle; entre ces provinces et Buenos-Ayres existaient trois autres provinces, Santiago del Estero, Cordova et Santa-Fé qui, plus proches du siége du pouvoir du dictateur, pouvaient plus difficilement secouer le joug qu'il était parvenu à leur imposer. Poursuivre Lopez et le détruire, rendre la liberté aux provinces enchaînées, donner la main à Lamadrid, puis revenir ensemble à la tête des forces qu'ils commandaient, et dont les nouvelles provinces délivrées devaient considérablement augmenter le nombre, poser de nouveau le siége devant le camp retranché de Rosas, telle fut la conception hardie autant qu'habile du général Lavalle. Ce qu'il projetait, il l'a exécuté avec non moins d'habilité que de bonheur.

Ainsi, le mouvement rétrograde que M. l'amiral

pouvait avoir considéré comme un aveu de la faiblesse de Lavalle, ne fut conçu que dans la juste
espérance de rendre le triomphe plus prompt et
plus certain. Et cet homme qu'on représente aujourd'hui comme disparu dans les nuages ou perdu dans les pampas, était occupé à poursuivre
d'autres ennemis qui fuyaient devant lui et à rendre la liberté à ses autres compatriotes, afin
qu'ils l'aidassent à achever l'œuvre qu'il avait
commencée. Nous savons même que la commission argentine proposa à M. l'amiral d'envoyer un
exprès au général Lavalle pour lui annoncer l'arrivée de la nouvelle expédition et pour l'engager à
revenir sur BuenosAyres. M. l'amiral ne répondit pasplus à *cette proposition.*

A cette époque où il s'agissait, surtout dans
l'intérêt commun de la France et de ses alliés,
d'être bien fixé sur les faits avant de prendre un
parti décisif, M. l'amiral refusa également l'offre
qui lui fut faite par M. Trolé, colonel du génie,
attaché à l'expédition de la Plata, de se rendre auprès de Lavalle pour s'assurer de ses forces et de
ses intentions.

Cet officier supérieur, dont les services distin-
gués dans ces pays ont laissé d'honorables souvenirs, et dont les relations d'amitié avec le général
Lavalle et les chefs principaux de l'armée argen-

tine sont bien connues, paraissait la personne indiquée pour remplir cette importante mission.

Une circonstance rendait ses instances auprès de M. l'amiral Mackau d'autant plus pressantes qu'elles étaient fondées sur la communication inespérée d'une dépêche du ministre d'Angleterre à Buenos-Ayres au consul de sa nation à Montevideo. Le ministre s'exprimait ainsi :

Rosas a été heureux jusqu'à ce jour, mais il n'y a qu'un miracle qui puisse le sauver aujourd'hui.

« La révélation à M. l'amiral de Máckau d'un tel aveu de la part d'un agent qui s'était toujours montré si favorable à la cause de Rosas, n'aurait dû laisser aucun doute dans son esprit sur l'état désespéré du dictateur de Buenos-Ayres, et sur l'opportunité de se mettre sans retard en communication avec le général Lavalle.

Un autre fait qui prouve d'une manière encore plus victorieuse, s'il est possible, combien M. l'amiral de Mackau s'est trompé sur les moyens du général Lavalle, c'est l'immense étendue de territoire qu'il avait parcourue si victorieusement, depuis un an et demi qu'il était entré en campagne. Quoi! cet homme parti de Montevideo avec 130 soldats, se trouve arrivé devant Buenos-Ayres à la tête de 6,000, et provoque, mais en vain, son adversaire au combat! Cet homme, ose-t-on dire, n'a trouvé ni ressources ni sympathie dans les provinces Agentines?

Le général Lavalle a exécuté à la lettre et avec autant d'habileté que de bonheur le plan qu'il avait conçu, il a battu Lopez fuyant devant lui, chaque fois qu'il a pu l'atteindre, et a fini par l'anéantir, il s'est emparé de sa capitale, dont il a fait la garnison prisonnière et dont les habitans sont venus grossir ses rangs.

Pendant ce temps, Lamadrid de son côté livrait bataille au lieutenant de Rosas, gouverneur de Santiago del Estero, le seul homme qui pût s'opposer à sa marche et le battait complétement; toute la province se soulevait, celle de Cordova, sans attendre son arrivée, en apprenant seulement son triomphe, poussait le même jour, tout entière, le cri de liberté. Lamadrid entrait dans la capitale aux acclamations de ses habitans, et augmentait ses forces de nombreuses recrues; il écrivait à Lavalle qu'il était près de se mettre en route pour aller se placer sous ses ordres.

De nombreux documens officiels que nous avons lus, annoncent tous ces événemens. Nous en avons la majeure partie entre nos mains, et la dernière lettre que nous avons lue, écrite par le général

Lavalle à sa femme, qui réside à Montevideo, lui annonce qu'il part de Santa-Fé pour aller rejoindre Lamadrid au Rosario, d'où il marchera sur Buenos-Ayres à la tête 10,000 hommes! Tel était l'état des affaires de nos alliés, quand le traité du 29 octobre a été signé; Rosas le connaissait parfaitement, et tout porte à croire que ce n'est qu'à ces événemens que sont dues les faibles et illusoires concessions qu'il a faites. M. l'amiral a perdu tous les avantages de la position et a sanctionné au nom de la France la proscription de ses alliés!

Rosas n'a donc fait la paix que pour s'occuper exclusivement de l'extermination de ces hommes auxquels il prétend dans le traité offrir une amnistie. Il justifie toutes les atrocités qui ont été commises dans le pays; il les a qualifiées de nobles manifestations d'un patriotisme ardent et sincère. Mais ce qu'on aura peine à croire, c'est qu'il a fait publier simultanément dans la *Gazette officielle* de Buenos-Ayres du 2 novembre, 1° le traité, 2° le décret du 31 octobre par lequel l'art. 3 est enfreint, 3° annonces de la vente aux enchères des propriétés confisquées à des familles proscrites sous le nom d'unitaires (1). Ce journal sera présenté à la chambre.

(1) Voici la traduction d'une de ces annonces :

VIVE LA FÉDÉRATION !

Lundi 9 courant à 10 heures précises, on vendra aux enchères,

Au surplus, ce traité n'est pas le premier que Rosas a ouvertement violé, et à preuve, celui qu'il fit avec le général Lavalle au mois de juin 1829, à la la fin de la guerre civile. Un article consacrait que personne ne serait poursuivi pour cause d'opinion politique, et qu'on établirait un gouvernement neutre à l'autorité duquel les deux parties contractantes convenaient de se soumettre. Rosas ne tarda pas à renverser ce gouvernement; il surprit le général Lavalle qui ayant désarmé ses troupes n'eut que le temps de s'embarquer pour se soustraire aux dangers dont son existence était menacée. Il fit ensuite la loi dite de surveillance et d'épuration, qui ordonnait :

1° Que tous les individus qui auraient des principes politiques contraires à ceux du gouvernement seraient déclarés conspirateurs contre l'ordre public, et qu'ils seraient punis de mort.

2° Que tous ceux qui voudraient échapper à cette peine n'y parviendraient qu'en se rétractant publiquement de leurs principes, en se servant à cet effet de la formule prescrite par le gouvernement.

Nous aurions encore beaucoup à dire pour faire connaître le dictateur et son système, mais le temps

---

par ordre supérieur, la propriété appartenant au sauvage unitaire Lino Lagos, et tout ce qui s'y trouve.

Suit le détail des objets mis en vente.

nous manque. Nous croyons pouvoir assurer, en terminant, que les populations de la Plata sont fatiguées de sa domination. Il a épuisé l'idée qu'il représente, et l'a rendue odieuse en la poussant à l'excès. Une fusion des deux partis est sur le point de se réaliser. Les unitaires et les fédéraux modérés se comprennent enfin. Rosas a hâté leur réunion, et bientôt il n'y aura plus d'obstacles à ce qu'elle soit complète.

En attendant, les provinces de l'intérieur ont déjà commencé à protester contre le traité; nous transcrivons ici les paragraphes les plus remarquables de la lettre adressée à l'amiral, le 27 octobre, par le gouverneur de la province de Santa-Fé, et qui contient sa protestation.

« Dans un tel état de choses, les peuples qui ont profité de l'appui du gouvernement de V. E. croient qu'il ne peut y avoir aucune transaction possible avec le tyran, puisqu'il n'est revêtu d'aucun caractère représentatif de la part de la nation. Toute transaction avec lui ne pourrait donc subsister, non seulement parce qu'elle serait conclue par un homme sans aucun pouvoir public, mais encore, parce que son autorité s'écroulant sous l'empire de la volonté nationale, toute stipulation, tout arrangement contraires à son nom doivent se regarder comme nuls et d'aucune valeur. Du reste, une convention avec Rosas ne contribuerait qu'à prolonger les malheurs et les désastres qui affligent la république argentine, et dont sont victimes les enfans de la France. D'un autre côté, les provinces et les gouvernemens argentins, pénétrés, comme ils le sont, d'engagemens aussi sacrés, non moins que de l'illégalité du tyran Rosas, sont en attitude et en droit pour protester contre tout accord ou transaction.

« »Un effort de la part de V. E. suffira pour couronner une si grande œuvre, et pour que l'armée libératrice, déjà trop formidable contre le tyran, fasse jouir les Argentins de leurs droits, et prouve à l'univers que le peuple français a toujours été le protecteur et l'ami de la liberté américaine.

» Le soussigné, en s'adressant à V. E. pour s'assurer de la fraternité de ses sentimens et de ceux de son peuple pour le gouverneur de S. M. le roi des Français, espère que V. E., M. l'amiral, les accueillera avec bienveillance, et continuera à prêter sa coopération au peuple argentin, afin de rétablir dans la république l'empire des lois et l'harmonie si désirable avec la France.

» Dans ce but, le soussigné espère que V. E., comptant sur la province de Santa-Fé, comme sur une province amie qui combat pour la même cause, daignera ordonner la suspension des effets du blocus, quant à la navigation et au commerce libre de ses ports.

» Le soussigné profite de cette heureuse occasion pour offrir à S. E. M. l'amiral l'assurance de son respect et de sa considération distinguée.

» Signé PIERRE RODRIGUEZ del FRESNO.»

« A S. E. M. le vice-amiral Mackau, chef des forces françaises dans le Rio de la Plata.

On a compromis gravement une belle position de présent et d'avenir pour la France et les Français dans la Plata. M. Buchet-Martigny leur avait assuré des avantages par un traité conclu avec les chefs du parti qui arrivera bientôt au pouvoir, s'il n'y est déjà. Nous le reproduisons ici.

A cet effet, les soussignés, savoir :

M. Claude-Just-Henry Buchet-Martigny, consul-général, chargé d'affaires et plénipotentiaire de S. M. le roi des Français, d'une part ;

Et MM. Julian Segundo de Aguero, — Juan Jose Cernadas, — Gregorio Gómez, — Ireneo Portela, — Valentin Alsina — et Florencio Varela, formant la commission Argentine établie à Montevideo, par délégation spéciale de M. le général Lavalle, qui, comme chef de toutes les forces Argentines dirigées contre le dictateur Rosas, représente de fait les intérêts de la province de Buenos-Ayres, représentation qu'il a, à son tour, déléguée à la commission, d'autre part ;

Se sont réunis aujourd'hui chez M. Buchet-Martigny, et après avoir donné à cette affaire la plus sérieuse attention, ils ont reconnu d'un commun accord, qu'il était de la plus grande importance que le différend auquel ont donné lieu, entre la France et Buenos-Ayres, les cruautés et les actes arbitraires exercés par le gouverneur actuel de Buenos-Ayres contre divers citoyens français, et le blocus qui en a été la conséquence, cessassent à l'instant même où l'autorité dudit gouverneur aura disparu, et aura été remplacée par une autre, conforme aux vœux du

pays, ainsi que les circonstances donnent lieu de l'es-
pérer ;

Et croyant nécessaire de s'entendre d'avance sur les
meilleurs moyens à employer pour obtenir ce résultat
d'une manière également honorable pour les deux pays,
ils ont discuté mûrement l'affaire, et sont convenus des
faits suivans :

Dès qu'une nouvelle administration aura été installée
à Buenos-Ayres à la place du despotisme qui y domine
aujourd'hui, elle annoncera cet événement à M. Buchet-
Martigny en l'invitant à se transporter auprès d'elle. M.
Buchet-Martigny se rendra immédiatement à cette invitation, et se présentera à la nouvelle administration en qua-
lité de consul-général, chargé d'affaires et plénipotentiaire
de France.

Son premier acte, en répondant à la note qui lui aura
été adressée, sera de faire à la nouvelle administration
une déclaration à l'effet suivant :

« Le blocus mis devant le littoral de Buenos-Ayres et
» les actes hostiles qui l'ont accompagné, n'ont jamais été
» dirigés contre les citoyens de la République, ainsi que
» l'ont plus d'une fois démontré les mesures prises en fa-
» veur des citoyens Argentins eux-mêmes par les agens
» de S. M. et par les commandans des forces navales fran-
» çaises dans la Plata : ces actes n'ont eu d'autre but que
» d'obliger le tyran, sous le joug duquel gémissait la Ré-
» publique, à cesser ses cruautés contre les citoyens fran-
» çais, à accorder de justes indemnités à ceux d'entre
» eux qui en avaient déjà souffert, et à respecter la chose
» jugée. Le gouvernement du roi a vivement regretté d'ê-
» tre obligé de recourir à des mesures desquelles doivent
» résulter de grands maux pour le peuple Argentin; car

» il n'a jamais cru que ce peuple eût puis aucune part à
» de pareils excès ni qu'il les eût approuvés.

» Aujourd'hui donc que le pouvoir monstrueux contre
» lequel étaient spécialement dirigées les hostilités de la
» France n'existe plus et que le peuple Argentin a recou-
» vré l'exercice de ses droits et sa liberté, il n'y a plus de
» motif pour que le différend entre les deux pays et le
» blocus auquel il a donné lieu continuent. Le gouverne-
» ment de S. M. et le soussigné comptent positivement
» sur la disposition du peuple Argentin et de l'adminis-
» tration qui vient de s'établir à Buenos-Ayres, à rendre
» justice à la nation française et à faire droit à ses jus-
» tes réclamations.

« En conséquence, M. Martigny va s'empresser d'écrire
» à M. le contre-amiral commandant les forces navales
» françaises dans la Plata, pour lui faire part des événe-
» mens, pour le prier de déclarer levé le blocus du Rio de
» la Plata, et de donner les ordres nécessaires pour que
» les forces françaises qui se trouvent sur l'île de Martin
» Garcia en soient retirées, et pour que, en la quittant,
» elles remettent au chef militaire et à la garnison qu'en-
» verra le gouvernement de Buenos-Ayres pour les rem-
» placer, l'artillerie et les autres objets qui existaient sur
» l'île avant son occupation par les Français. »

En échange de cette note, la nouvelle administration de
Buenos-Ayres transmettra à M. Martigny une déclaration
conçue à peu près dans les termes suivans, *laquelle sera
post-datée de six à huit jours* :

« Le gouvernement de Buenos-Ayres voulant répondre
» à la générosité de la déclaration en date du.. , qui lui a
» été faite par M. le chargé d'affaires et plénipotentiaire
» de France, voulant aussi donner à cette nation une

» preuve de son amitié et de sa reconnaissance pour les
» secours efficaces qu'elle a prêtés, dans ces dernières
» circonstances, à la cause argentine;

» Considérant aussi la justice avec laquelle le gouver-
» nement de S. M. le Roi des Français a réclamé des in-
» demnités en faveur de ceux de ses nationaux qui ont
» été victimes des actes cruels et arbitraires du tyran de
» Buenos-Ayres, don Juan Manuel de Rosas.

« A décrété et décrète ce qui suit, savoir :

» Article 1er. En attendant la conclusion d'une conven-
» tion d'amitié, de commerce et de navigation entre S. M.
» le roi des Français et la province de Buenos-Ayres,
» les citoyens français établis sur le territoire de la pro-
» vince seront traités, pour leurs personnes et leurs
» propriétés, comme le sont ceux de la nation la plus fa-
» vorisée.

» Art. 2. Est reconnu le principe des indemnités récla-
» mées par le gouvernement de S. M. en faveur de ceux
» de ses nationaux qui ont eu à souffrir, soit avant, soit
» depuis la mise du blocus, des mesures iniques et arbi-
» traires du dernier gouvernement de Buenos-Ayres ou
» de ses délégués. M. Buchet-Martigny sera invité par ce
» gouvernement à s'entendre avec lui pour faire déter-
» miner, dans un bref délai, le montant de ces indemni-
» tés par des arbitres choisis en nombre égal de part et
» d'autres, et qui, en cas de partage, auront la faculté de
» s'adjoindre un surarbitre nommé par eux-mêmes à la
» majorité des voix.

» Est également reconnu le principe de la créance du
» sieur Despouy contre le gouvernement de Buenos-Ayres;
» les mêmes arbitres en fixeront la quotité sur pièces au-
» thentiques. »

M. Martigny en répondant à cette notification remerciera le gouvernement de Buenos-Ayres de ce témoignage d'amitié et de justice, et l'acceptera au nom du gouvernement de S. M.

MM. les membres de la commission, en reconnaissance des services qu'a rendus la France à la république argentine dans la lutte qu'elle soutient contre son tyran, s'engagent de la manière la plus formelle, en leur nom comme en celui de M. le général Lavalle, par lequel ils ont été délégués, à employer tous leurs efforts, à user de toute leur influence pour que le nouveau gouvernement de Buenos-Ayres, légalement constitué, conclue sans délai avec les chargés d'affaires et plénipotentiaires de France, une convention d'amitié, de commerce et de navigation en tout conforme à celle signée à Montevideo, le 8 avril 1836, entre la France et la république orientale de l'Uruguay ; il verra là, une preuve nouvelle et frappante de la modération et des intentions de la France qui ne demande et ne désire de la république Argentine que ce qu'elle a proposé, au milieu de la paix et de l'amitié, à l'état oriental de l'Uruguay.

Le but de la présente conférence étant rempli, il en a été rédigé le présent protocole, qui sera tenu secret, et qui a été signé par toutes les parties, en deux expéditions, dont l'une est écrite en français et l'autre en espagnol.

Fait à Montevideo, le 22 juin 1840.

BUCHET-MARTIGNY.

JULIEN S. DE AGUERO.	JUAN J. CERNADAS.
VALENTIN ALSINA.	IRENEO PARELA.
FLORENCIO VARELA.	GREGORIO GOMEZ.

Rosas renversé, la reconnaissance que la France se serait acquise chez les peuples de la Plata et dans toute l'Amérique du Sud, nous aurait assuré une prépondérance que nous n'obtiendrons jamais si le traité est ratifié. Cela est d'autant plus à regretter, sous le rapport de nos intérêts matériels dans la Plata, que la mort du dictateur du Paraguay vient d'ouvrir au commerce les ports de cette riche contrée, et agrandit ainsi les marchés de Montevideo et de Buenos-Ayres.

La prolongation du blocus a causé au commerce français dans la Plata des préjudices dont le chiffre est très élevé. Un grand mouvement d'affaires a été paralysé pendant 32 mois. Il partait annuellement de France pour Buenos-Ayres plus de 40 navires chargés des produits de notre sol et de notre industrie. — Le capital employé dans ces opérations était considérable. — D'après les données que nous avons, nous ne pouvons porter à moins de 13,500,000 fr. la perte qu'ont éprouvée nos intérêts commerciaux dans la Plata.

La population française en a souffert une plus grande encore proportionellemeut à ses moyens. — Dans Buenos-Ayres et dans les provinces, elle possède un capital qu'on ne peut évaluer à moins de 12,000,000. Le travail ayant chômé presqu'entièrement pendant le blocus, elle fut obligée de prendre sur ce capital pour vivre, et, d'après des renseignemens qui nous viennent de source officielle, nous pouvons assurer qu'il s'est trouvé réduit ainsi de plus de 35 pour cent. Beaucoup de familles de chefs d'atelier et d'ouvriers sont même tombées dans un état de dénûrement complet.

La population française des rives de la Plata, attend avec anxiété le résultat de la mission qui m'a été confiée, à l'effet d'exposer, que la ratification du traité du 29 octobre 1840, serait un mal plus grand que tous ceux qu'elle a déjà soufferts, et de demander que ses représentations soient prises en considération. Elle met une confiance bien légitime dans l'intérêt que la Chambre des députés n'a cessé de montrer à l'égard de cette question. Elle espère qu'elle y trouvera des défenseurs, qui uniront leur puissante voix à la sienne, et qu'ils feront triompher cette cause, dont le succès importe tant à l'honneur national et aux intérêts du pays.

ALFRED-GUSTAVE BELLEMARE,

Délégué de la population française
de la rive gauche de la Plata.

www.ingramcontent.com/pod-product-compliance
Ingram Content Group UK Ltd.
Pitfield, Milton Keynes, MK11 3LW, UK
UKHW022135170726
13837UKWH00004B/1570